Animales marinos
Animales marinos
Animales marinos

UN LIBRO DORLING KINDERSLEY

Traducción de Olga Colella

Título original: Eye Openers - Sea Animals

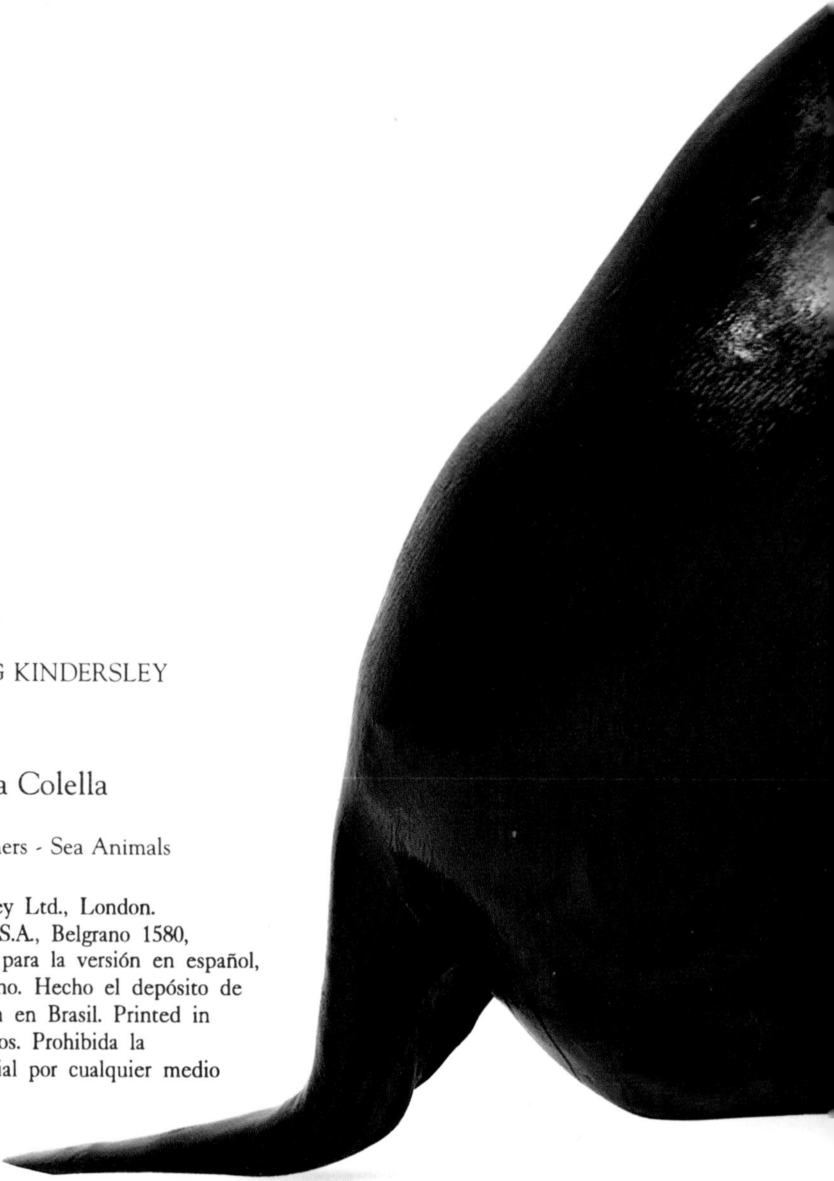

ABRE TUS OJOS

Animales marinos

EDITORIAL SIGMAR

Delfín

Los delfines son ballenas pequeñas, inteligentes y juguetonas.
Nadan rápidamente y saltan fuera del agua repetidas veces, porque necesitan salir a la superficie para respirar aire fresco. Expulsan el aire por el orificio nasal situado arriba de la cabeza.

aleta delantera

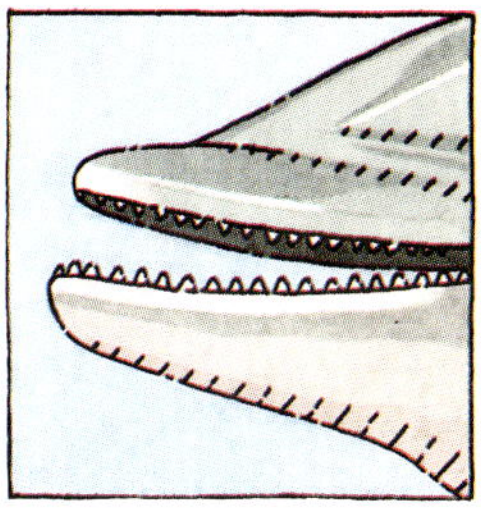

dientes

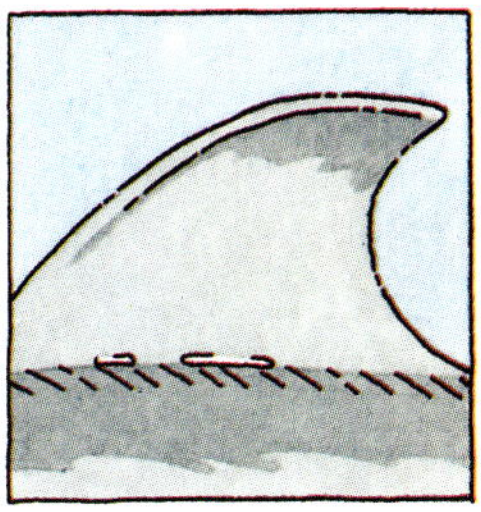

aleta

Cangrejo

Vive dentro y fuera del agua. Se esconde en piletas naturales de las rocas o cava cuevas en la arena. Tiene un caparazón grueso para protegerse. Se mueve hacia ambos lados y corre con sus ocho patas. Usa sus pinzas para agarrar mariscos y otros alimentos.

patas
pinzas

Pez payaso

Vive cerca de los arrecifes
de coral en los mares cálidos.
Se oculta entre los tentáculos de
la anémona de mar, que
pica a los enemigos de
estos pececitos.
La anémona, a su vez
puede comer sobras de los alimentos
que se les cae a sus protegidos.

coral
escamas
aleta

Gaviota

Bandadas de gaviotas chirriando caen y planean sobre la playa. Muchas veces van detrás de barcos pesqueros para picotear las sobras. Las gaviotas depositan sus huevos en nidos construidos sobre el pasto, algas marinas y ramas.

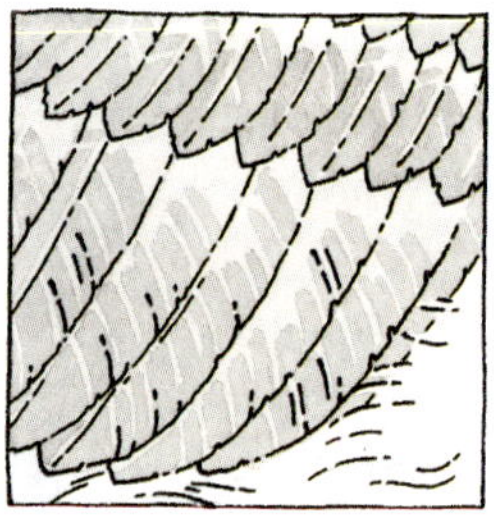

plumas

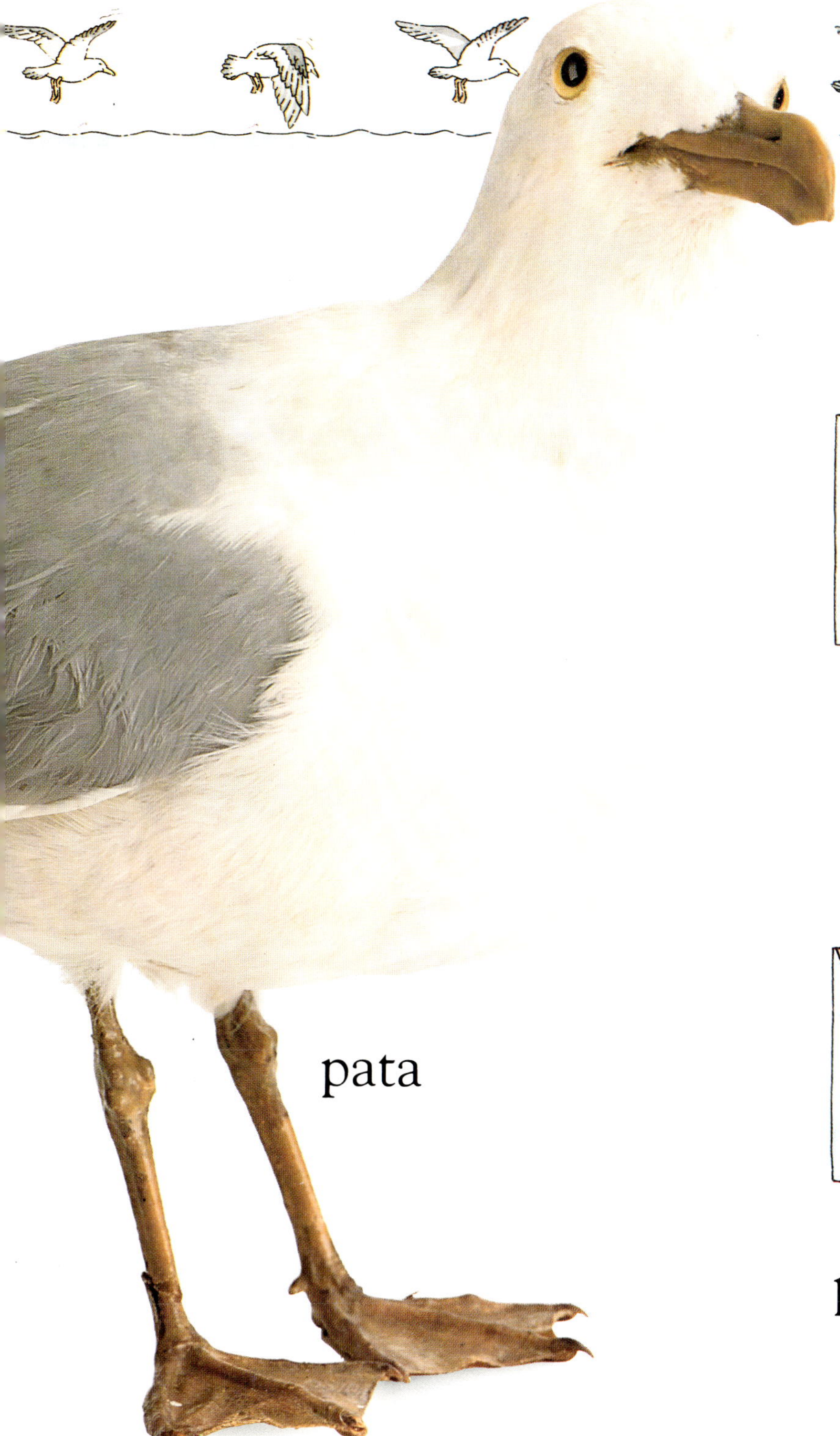

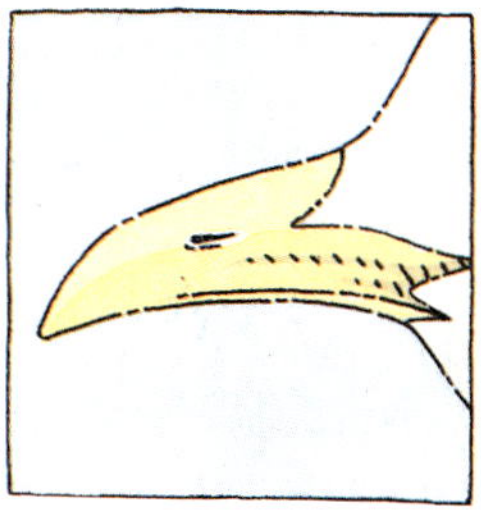

pico

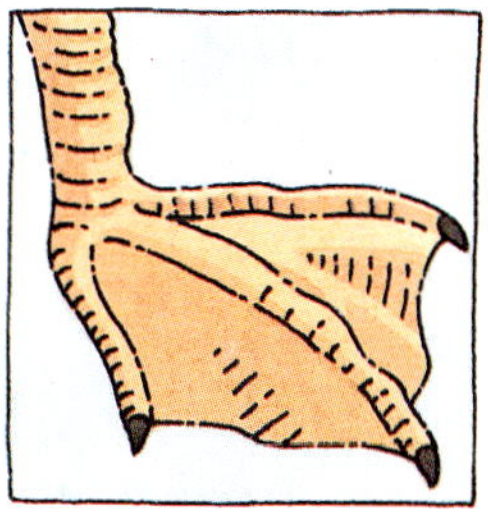

pata
palmeada

Foca

Puede vivir dentro y fuera del mar. Su cuerpo liso y lustroso y sus grandes aletas delanteras le permiten nadar velozmente, pero en tierra se mueve con lentitud. Se desliza pesadamente sobre sus cuatro aletas. Come pescados y calamares.

ojo

aleta

hocico

Tiburón

Este pequeño tiburón cabeza de toro tiene cabeza grande y hocico chato. Come cangrejos, ostras y otros animales marinos, que destroza con sus poderosos dientes. Los tiburones tienen un buen olfato que les sirve para localizar sus alimentos.

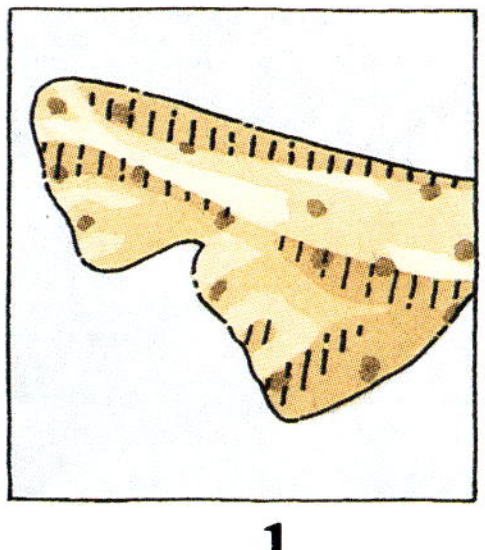

cola

agallas

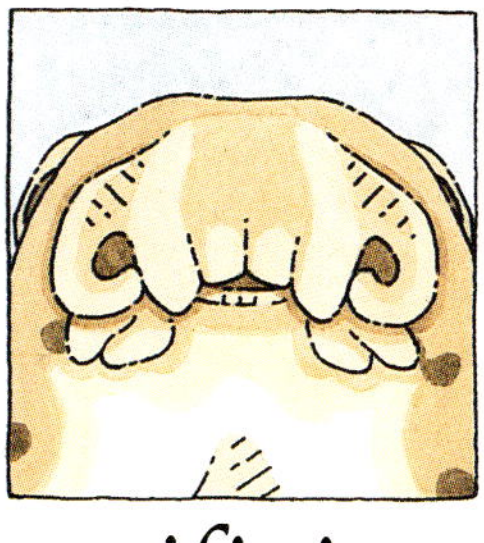

orificios
nasales

Estrella de mar

Muchas de las estrellas de mar tienen cinco brazos, que en la parte de abajo poseen ventosas que les permiten moverse por el fondo del mar y recoger ostras. No tienen cabeza sino una boca en el centro de su cara inferior.

brazo

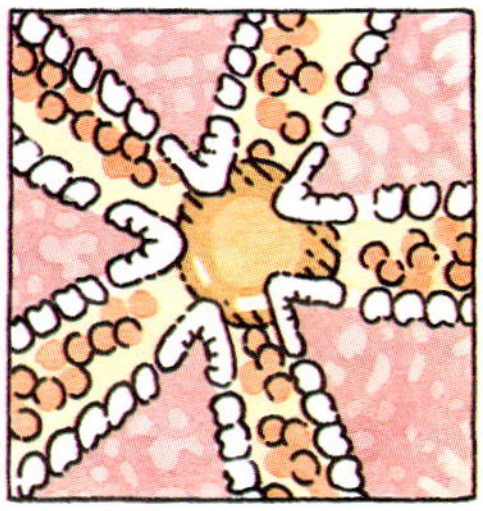

boca

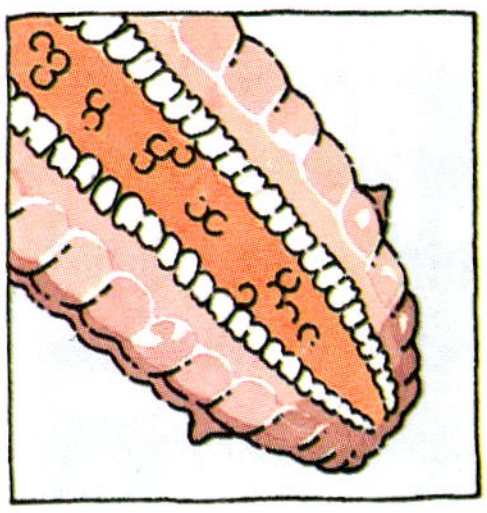

ventosas

Caballito de mar

Se le llama así por la forma de su cabeza. Atrapa la comida a través de su boca, en forma de tubo. Nada verticalmente llevado por el agua. Para descansar, enrolla su cola alrededor de plantas marinas.

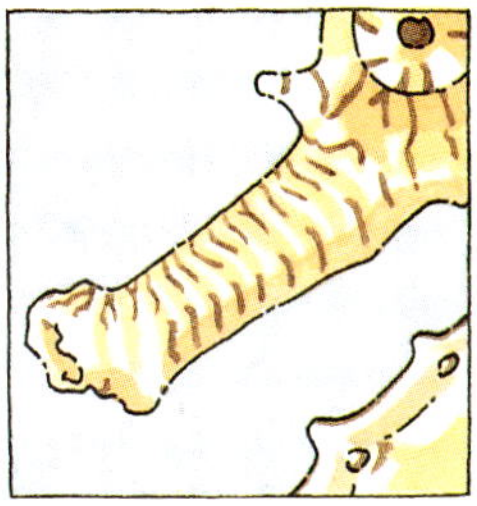

boca

coral

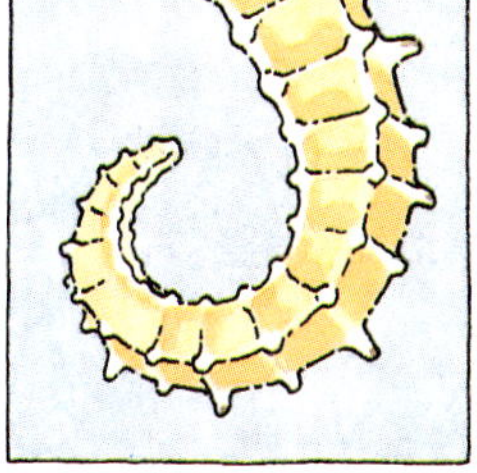

cola